AF189460

Impressum
Verlag: BABADADA GmbH, Nedderfeld 112 , 22529 Hamburg
Geschäftsführer / Verlagsleitung: Harald Hof
Druck: Books on Demand GmbH, In de Tarpen 42, 22848 Norderstedt

Imprint
Publisher: BABADADA GmbH, Nedderfeld 112 , 22529 Hamburg, Germany
Managing Director / Publishing direction: Harald Hof
Print: Books on Demand GmbH, In de Tarpen 42, 22848 Norderstedt

okul
skola

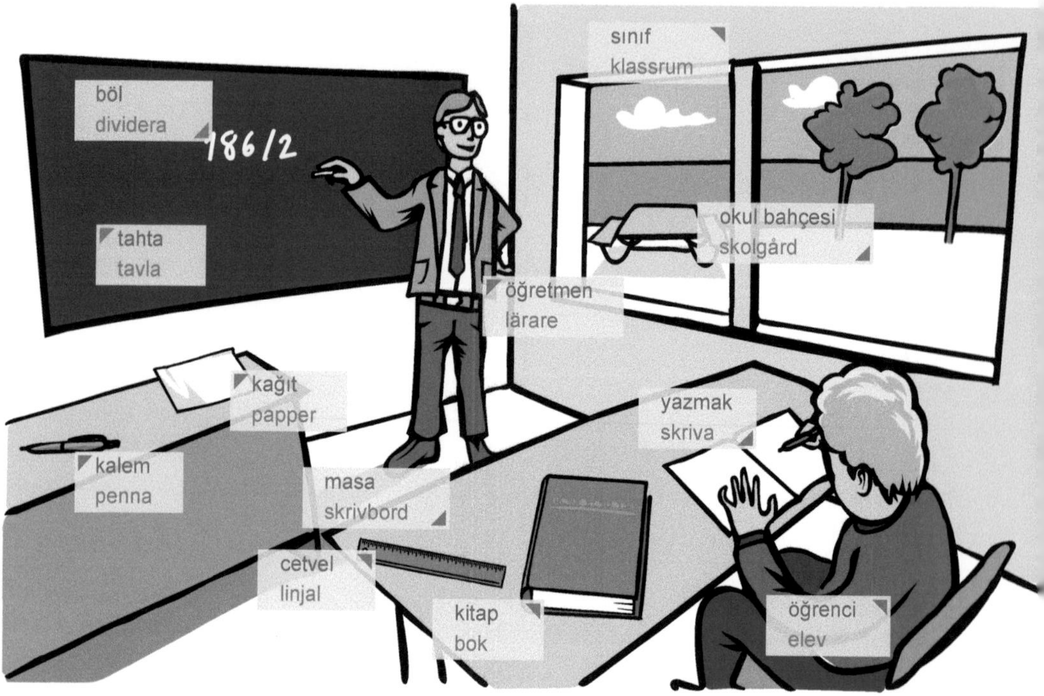
sınıf
klassrum
böl
dividera
186/2
tahta
tavla
okul bahçesi
skolgård
öğretmen
lärare
kağıt
papper
yazmak
skriva
kalem
penna
masa
skrivbord
cetvel
linjal
kitap
bok
öğrenci
elev

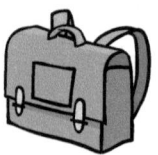

okul çantası

skolväska

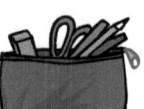

kalemlik

pennfodral

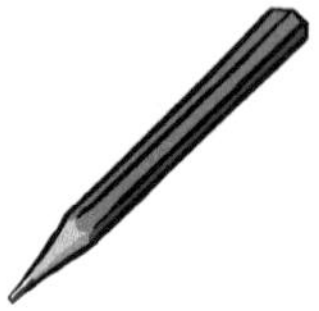

kurşun kalem

blyertspenna

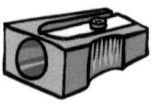

kalem açacağı

pennvässare

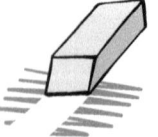

silgi

suddgummi

çizim defteri

ritblock

çizim
teckning

resim fırçası
pensel

boya kutusu
målarlåda

makas
sax

tutkal
lim

alıştırma kitabı
övningsbok

ödev
hemläxa

12

sayı
tal

2+2

ekle
addera

5-2

çıkar
subtrahera

2×2

çarp
multiplicera

hesapla
räkna

A

harf
bokstav

**ABCDEFG
HIJKLMN
OPQRSTU
VWXYZ**

alfabe
alfabet

hello

kelime
ord

metin

text

okumak

läsa

tebeşir

krita

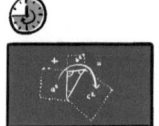

ders

lektion

kayıt

register

sınav

prov

sertifika

intyg

okul forması

skoluniform

eğitim

utbildning

ansiklopedi

uppslagsverk

üniversite

universitet

mikroskop

mikroskop

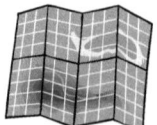

harita

karta

kağıt çöp kutusu

papperskorg

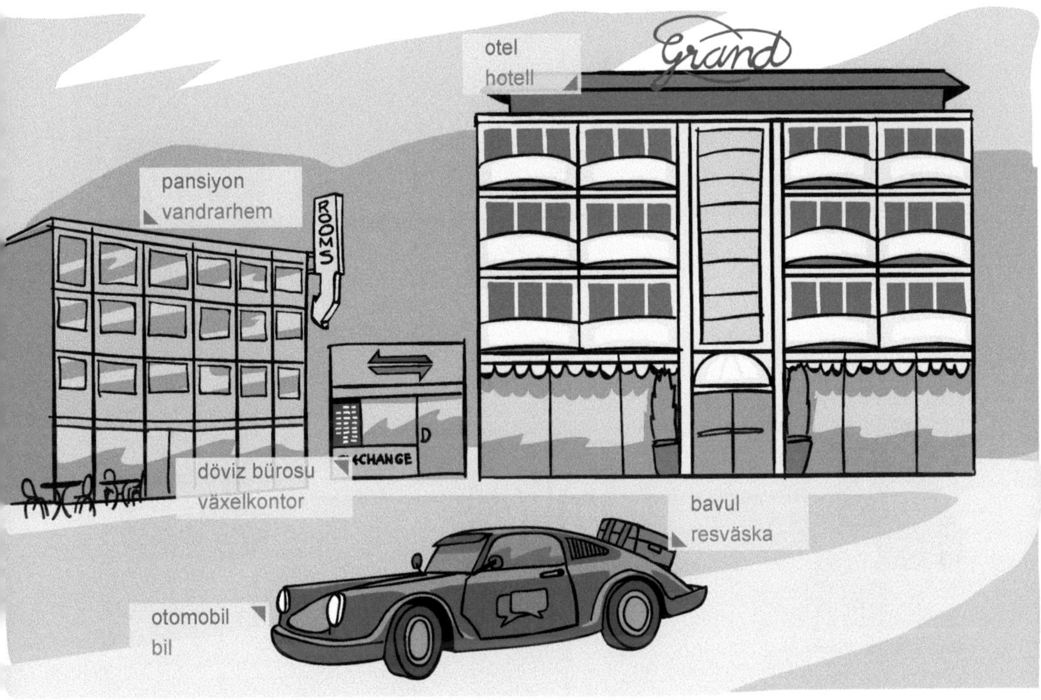

otel
hotell
Grand
pansiyon
vandrarhem
ROOMS
döviz bürosu
växelkontor
EXCHANGE
bavul
resväska
otomobil
bil

dil
språk

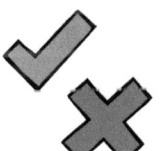

evet / hayır
ja / nej

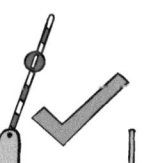

Tamam
Okay

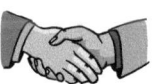

merhaba
hej

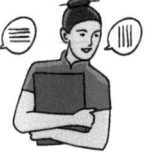

çevirmen
översättare

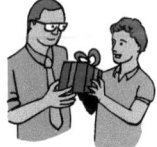

Teşekkür ederim
Tack

bu … ne kadar?

hur mycket kostar…?

anlamadım

jag förstår inte

problem

problem

İyi akşamlar!

God kväll!

Günaydın!

God morgon!

İyi geceler!

God natt!

güle güle

hejdå

yön

riktning

bagaj

bagage

çanta

väska

sırt çantası

ryggsäck

misafir

gäst

oda

rum

uyku tulumu

sovsäck

çadır

tält

turist danışma	sahil	kredi kartı
turistinformation	strand	kreditkort

kahvaltı	öğle yemeği	akşam yemeği
frukost	lunch	middag

Bilet	asansör	pul
biljett	hiss	frimärke

sınır	gümrük	elçilik
gräns	tull	ambassad

vize	pasaport	
visum	pass	

ulaşım
transport

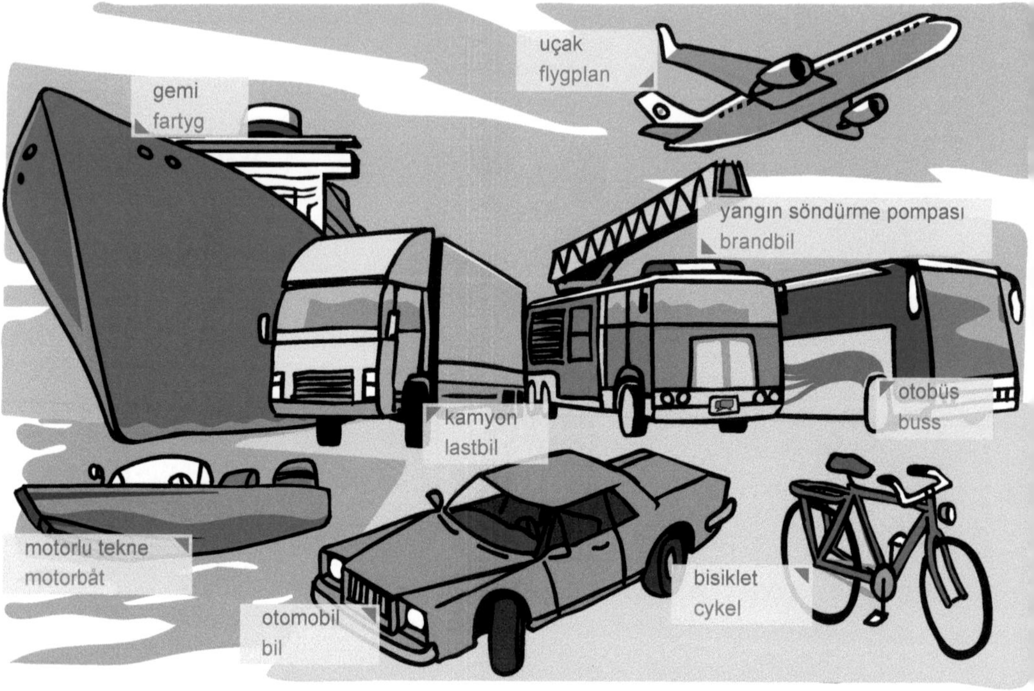
uçak
flygplan
gemi
fartyg
yangın söndürme pompası
brandbil
otobüs
buss
kamyon
lastbil
motorlu tekne
motorbåt
bisiklet
cykel
otomobil
bil

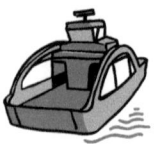

feribot

färja

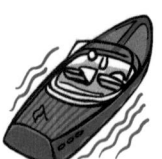

bot

båt

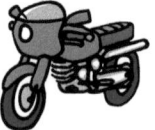

motosiklet

motorcykel

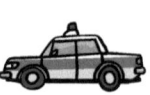

polis arabası

polisbil

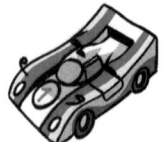

yarış arabası

racerbil

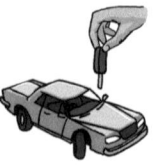

kiralık araba

hyrbil

ortak araba
bilpool

çekici
bärgningsbil

çöp kamyonu
sopbil

motor
motor

yakıt
bränsle

benzinlik
bensinstation

trafik işareti
vägmärke

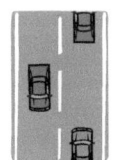

trafik
trafik

trafik sıkışıklığı
bilkö

otopark
parkeringsplats

tren istasyonu
tågstation

ray
räls

tren
tåg

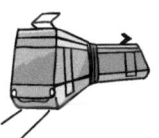

tramvay
spårvagn

vagon
vagn

helikopter
helikopter

havaalanı
flygplats

kule
torn

yolcu
passagerare

konteyner
container

koli
kartong

yük arabası
vagn

sepet
korg

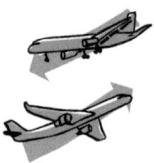

kalkış / iniş
starta / landa

şehir
stad

köy
by

şehir merkezi
centrum

ev
hus

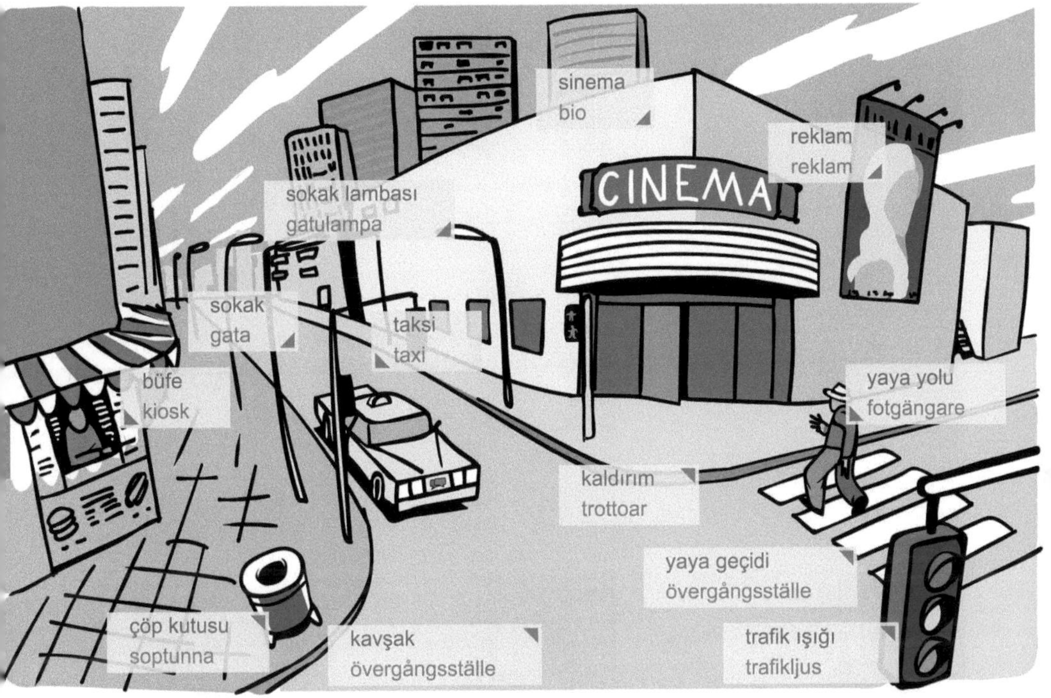
sinema
bio
reklam
reklam
CINEMA
sokak lambası
gatulampa
sokak
gata
taksi
taxi
büfe
kiosk
yaya yolu
fotgängare
kaldırım
trottoar
yaya geçidi
övergångsställe
çöp kutusu
soptunna
kavşak
övergångsställe
trafik ışığı
trafikljus

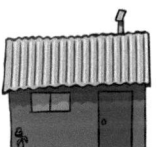

kulübe

stuga

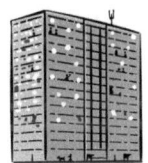

apartman dairesi

lägenhet

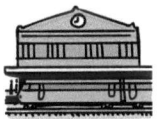

tren istasyonu

tågstation

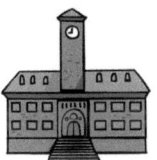

belediye binası

stadshus

MUSEUM

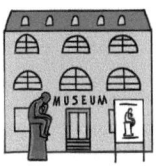

müze

museum

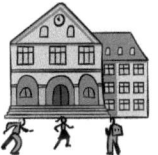

okul

skola

üniversite

universitet

banka

bank

hastane

sjukhus

otel

hotell

eczane

apotek

ofis

kontor

kitapçı

bokhandel

mağaza

affär

çiçekçi

blomsterbutik

süpermarket

stormarknad

market

marknad

büyük mağaza

varuhus

balık satıcısı

fiskhandlare

alışveriş merkezi

köpcentrum

liman

hamn

park
park

bank
bänk

köprü
brygga

merdiven
trappa

metro
tunnelbana

tünel
tunnel

otobüs durağı
busshållplats

bar
bar

restoran
restaurang

posta kutusu
brevlåda

sokak tabelası
gatuskylt

otopark sayacı
parkeringsautomat

hayvanat bahçesi
zoo

yüzme havuzu
simbassäng

cami
moské

çiftlik
bondgård

kirlilik
fororening

mezarlık
kyrkogård

kilise
kyrka

oyun alanı
lekplats

tapınak
tempel

arazi
landskap

yaprak
löv

yön tabelası
vägskylt

yol
väg

çayır
äng

taş
sten

yürüyüşçü
liftare

ağaç
träd

ırmak
flod

çimen
gräs

çiçek
blomma

vadi
dal

tepe
kulle

göl
sjö

orman
skog

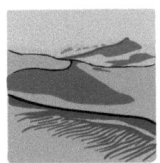

çöl
öken

volkan
vulkan

kale
slott

gökkuşağı
regnbåge

mantar
svamp

palmiye
palm

sivrisinek
mygga

sinek
fluga

karınca
myra

arı
bi

örümcek
spindel

böcek
skalbagge

kurbağa
groda

sincap
ekorre

kirpi
igelkott

yabani tavşan
hare

baykuş
uggla

kuş
fågel

kuğu
svan

yaban domuzu
vildsvin

geyik
rådjur

geyik
älg

baraj
damm

rüzgar türbini
vindkraftverk

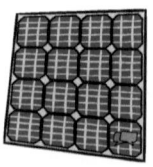

güneş paneli
solcellspanel

iklim
klimat

restoran
restaurang

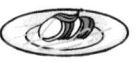

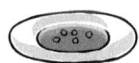

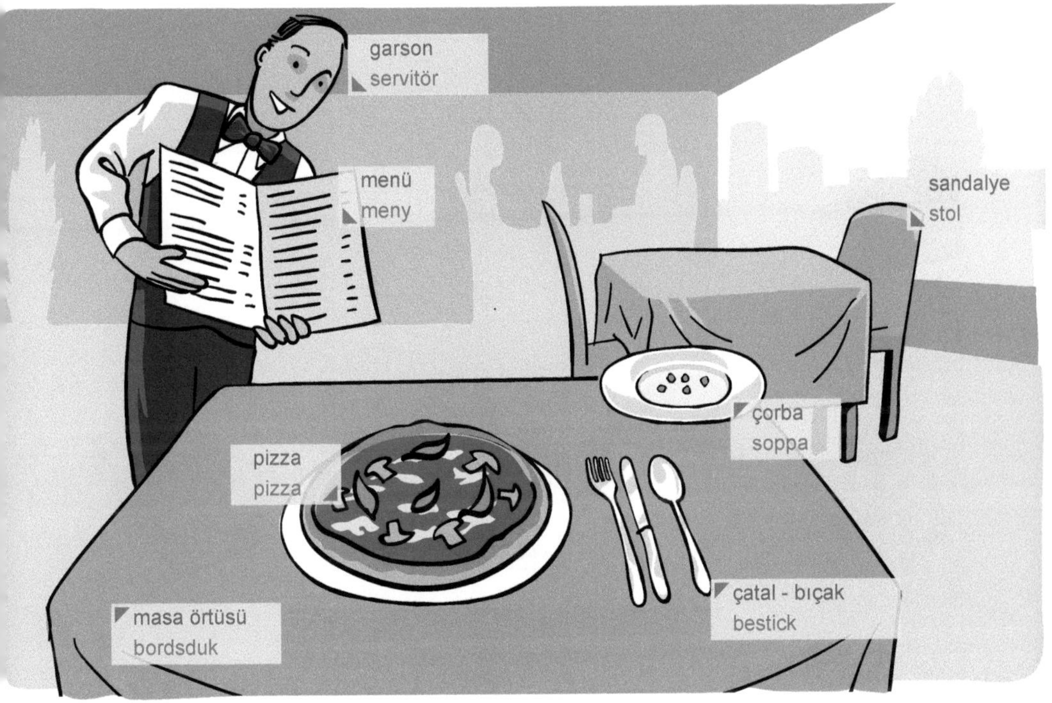
garson
servitör
menü
meny
sandalye
stol
çorba
soppa
pizza
pizza
çatal - bıçak
bestick
masa örtüsü
bordsduk

başlangıç

förrätt

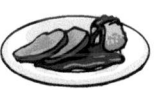

ana yemek

huvudrätt

tatlı

dessert

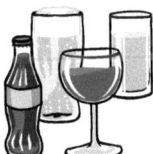

içecekler

drycker

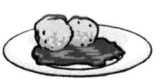

yemek

mat

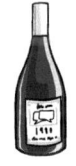

şişe

flaska

fastfood
snabbmat

sokak yemeği
street food

çaydanlık
tekanna

şekerlik
sockerskål

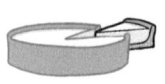

porsiyon
portion

espresso makinesi
espressomaskin

mama sandalyesi
barnstol

fatura
räkning

tepsi
bricka

bıçak
kniv

çatal
gaffel

kaşık
sked

çay kaşığı
tesked

servis peçetesi
servett

bardak
glas

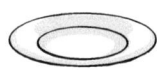

tabak

tallrik

çorba kasesi

sopptallrik

fincan altlığı

tefat

sos

sås

tuzluk

saltkar

karabiber değirmeni

pepparkvarn

sirke

vinäger

yağ

olja

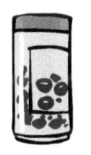

baharat

kryddor

ketçap

ketchup

hardal

senap

mayonez

majonnäs

süpermarket
stormarknad

özel teklif
specialerbjudande
FOR
müşteri
kund
süt ürünleri
mejeriprodukter
meyve
frukt
alışveriş arabası
varukorg

BUTCHERS

kasap

charkuteri

BAKERY

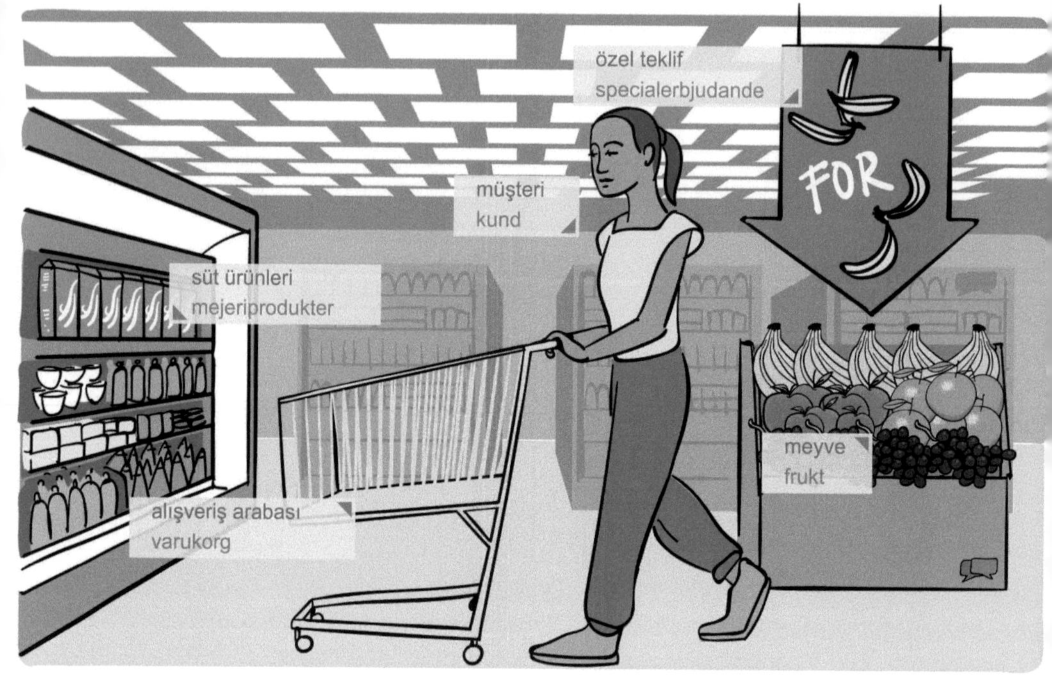

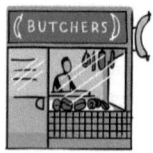

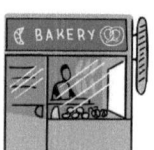

fırın

bageri

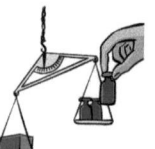

tartmak

väga

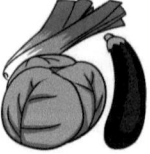

sebze

grönsaker

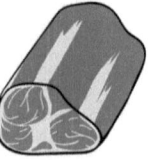

et

kött

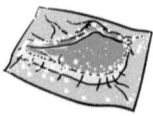

donmuş gıda

frysta livsmedel

söğüş et

pålägg

konserve yiyecek

konserver

toz deterjan

tvättmedel

şekerlemeler

godis

ev temizlik ürünleri

hushållsprodukter

temizlik ürünleri

rengöringsmedel

satış görevlisi

försäljare

yazar kasa

kassa

kasiyer

kassör

alışveriş listesi

inköpslista

açılış saatleri

öppettider

cüzdan

plånbok

kredi kartı

kreditkort

çanta

väska

plastik poşet

plastpåse

su

vatten

meyve suyu

juice

süt

mjölk

kola

cola

şarap

vin

bira

öl

alkol

alkohol

kakao

kakao

çay

te

kahve

kaffe

espresso

espresso

kapuçino

cappuccino

muz

banan

elma

äpple

portakal

apelsin

kavun

melon

limon

citron

havuç

morot

sarımsak

vitlök

bambu

bambu

soğan

lök

mantar

svamp

çerez

nötter

makarna

nudlar

spagetti

spaghetti

pirinç

ris

salata

sallad

cips

pommes frites

patates kızartması

stekt potatis

pizza

pizza

hamburger

hamburgare

sandviç

smörgås

şinitzel

schnitzel

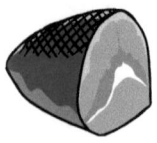

pastırma

skinka

salam

salami

sosis

korv

tavuk

kyckling

rosto

stek

balık

fisk

yulaf ezmesi

havregryn

müsli

müsli

mısır gevreği

cornflakes

un

mjöl

kruvasan

croissant

küçük ekmek

fralla

ekmek

bröd

tost

rostat bröd

bisküvi

kex

tereyağı

smör

kaymak

kvarg

kek

kaka

yumurta

ägg

sahanda yumurta

stekt ägg

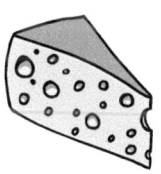

peynir

ost

dondurma

glass

şeker

socker

bal

honung

reçel

sylt

fındık ezmesi

nougatkräm

köri

curry

çiftlik
bondgård

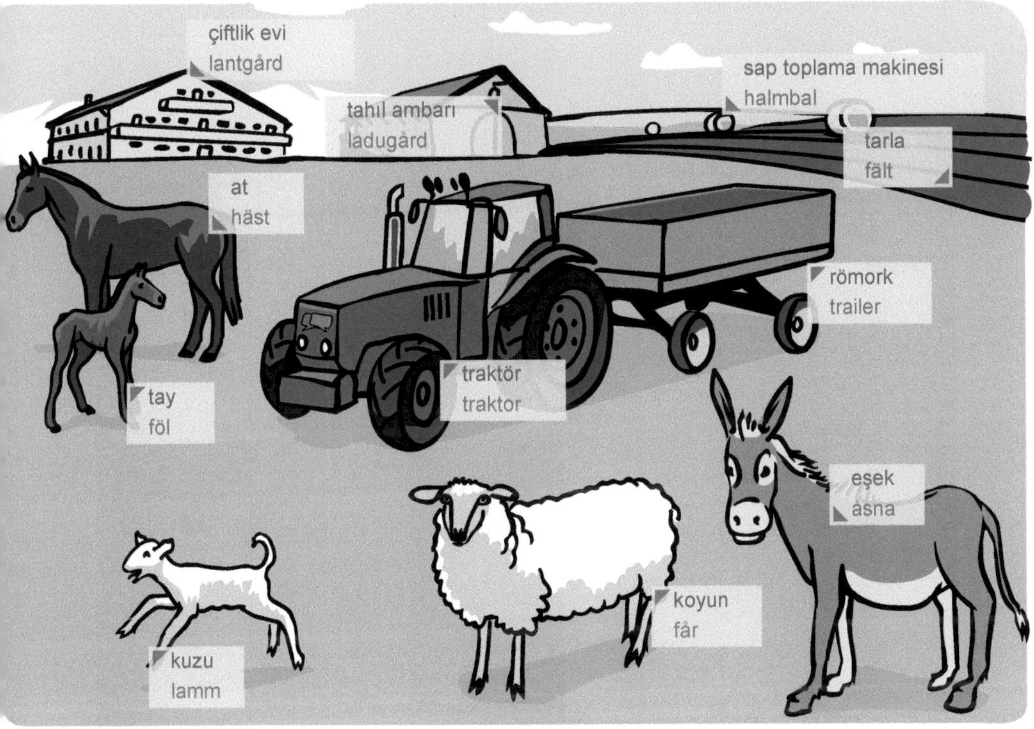

çiftlik evi
lantgård
tahıl ambarı
ladugård
sap toplama makinesi
halmbal
tarla
fält
at
häst
römork
trailer
traktör
traktor
tay
föl
eşek
åsna
koyun
får
kuzu
lamm

keçi
get

inek
ko

buzağı
kalv

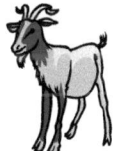

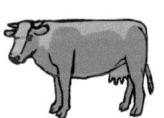

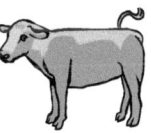

domuz
gris

domuz yavrusu
griskulting

boğa
tjur

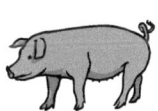

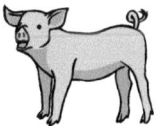

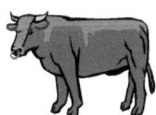

kaz

gås

ördek

anka

civciv

kyckling

tavuk

höna

horoz

tupp

sıçan

råtta

kedi

katt

fare

mus

öküz

oxe

köpek

hund

köpek kulübesi

hundkoja

bahçe hortumu

trädgårdsslang

sulama kabı

vattenkanna

tırpan

lie

pulluk

plog

orak
skära

çapa
hacka

dirgen
högaffel

balta
yxa

el arabası
skottkärra

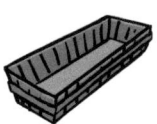

yemlik
tråg

süt kovası
mjölkflaska

çuval
säck

çit
staket

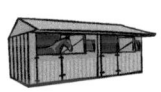

ahır
stall

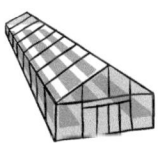

sera
växthus

toprak
jord

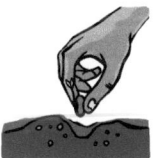

tohum
säd

gübre
gödsel

biçerdöver
skördetröska

hasat etmek
skörda

harman
skörd

tatlı patates
jams

buğday
vete

soya
soja

patates
potatis

mısır
majs

kolza
raps

meyve ağacı
fruktträd

manyok
maniok

hububat
spannmål

baca
skorsten

çatı
tak

yağmur oluğu
stuprör

pencere
fönster

garaj
garage

kapı zili
dörrklocka

kapı
dörr

çöp kutusu
soptunna

posta kutusu
brevlåda

bahçe
trädgård

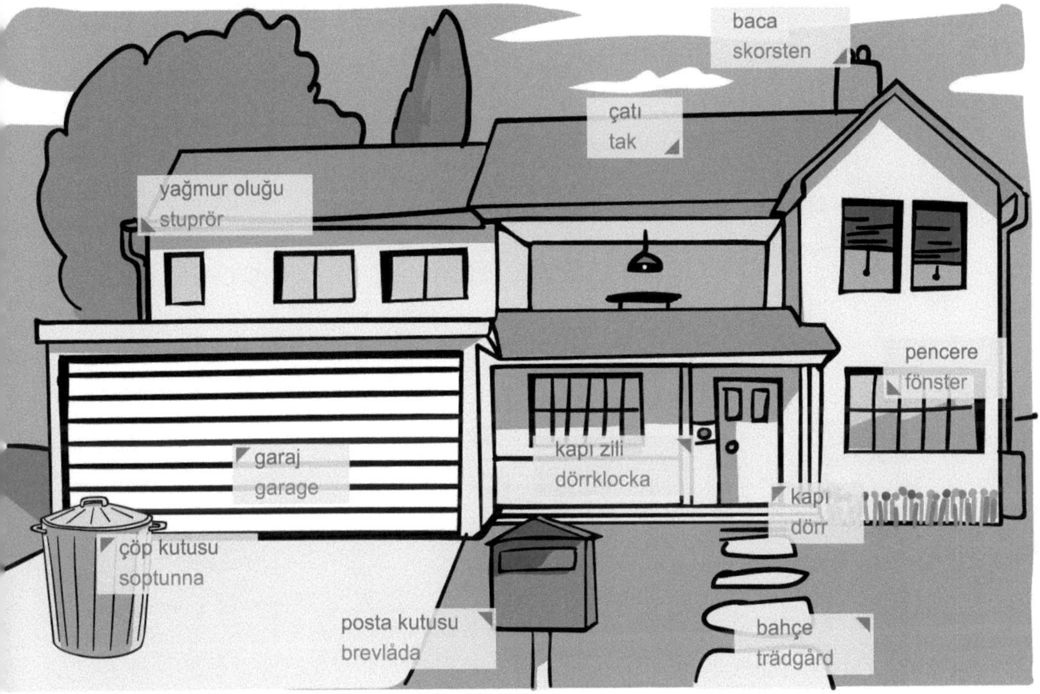

oturma odası
vardagsrum

banyo
badrum

mutfak
kök

yatak odası
sovrum

çocuk odası
barnrum

yemek odası
matsal

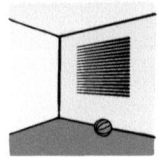

zemin

golv

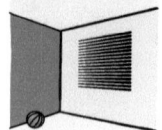

duvar

vägg

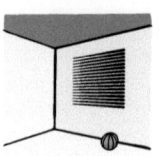

tavan

tak

kiler

källare

sauna

bastu

balkon

balkong

teras

terrass

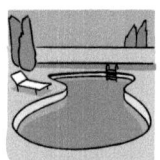

havuz

bassäng

çim biçme makinesi

gräsklippare

çarşaf

lakan

yatak örtüsü

överkast

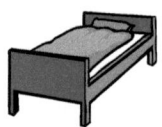

yatak

säng

süpürge

kvast

kova

hink

anahtar

strömbrytare

oturma odası
vardagsrum

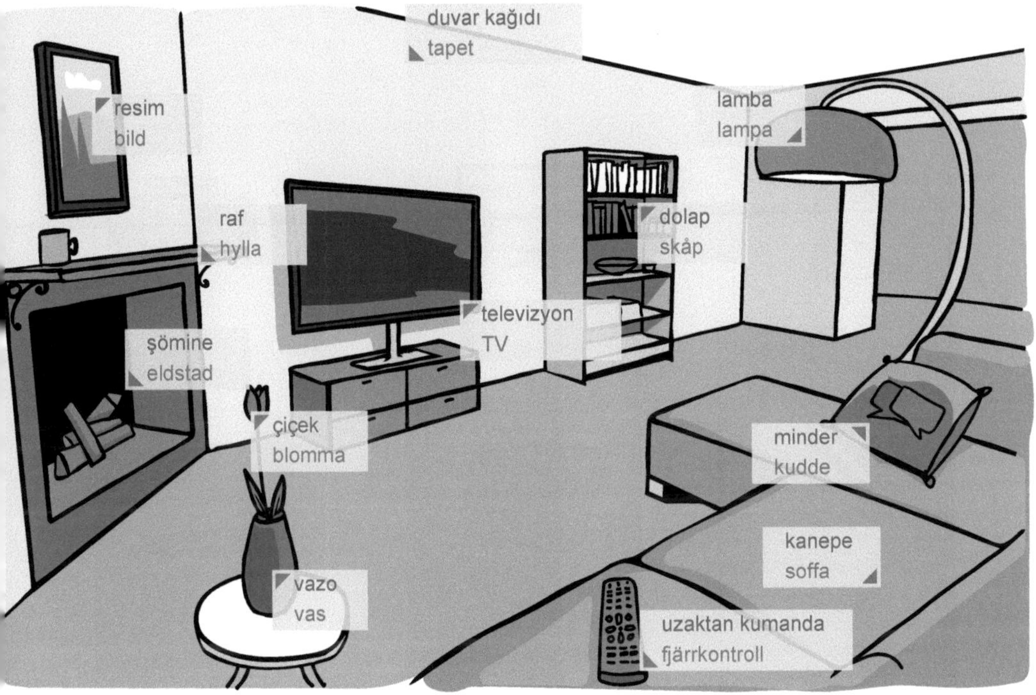
duvar kağıdı
tapet
resim
bild
lamba
lampa
raf
hylla
dolap
skåp
televizyon
TV
şömine
eldstad
çiçek
blomma
minder
kudde
kanepe
soffa
vazo
vas
uzaktan kumanda
fjärrkontroll

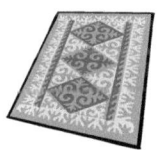

halı

matta

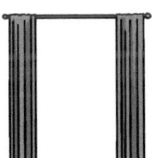

perde

gardin

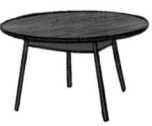

masa

bord

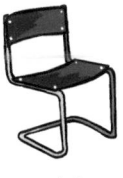

sandalye

stol

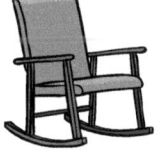

salıncaklı koltuk

gungstol

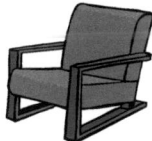

koltuk

fåtölj

kitap

bok

battaniye

filt

dekor

dekoration

odun

vedträ

film

film

hi-fi

stereoanläggning

anahtar

nyckel

gazete

dagstidning

tablo

målning

poster

poster

radyo

radio

defter

anteckningsbok

elektrikli süpürge

dammsugare

kaktüs

kaktus

mum

stearinljus

mutfak
kök

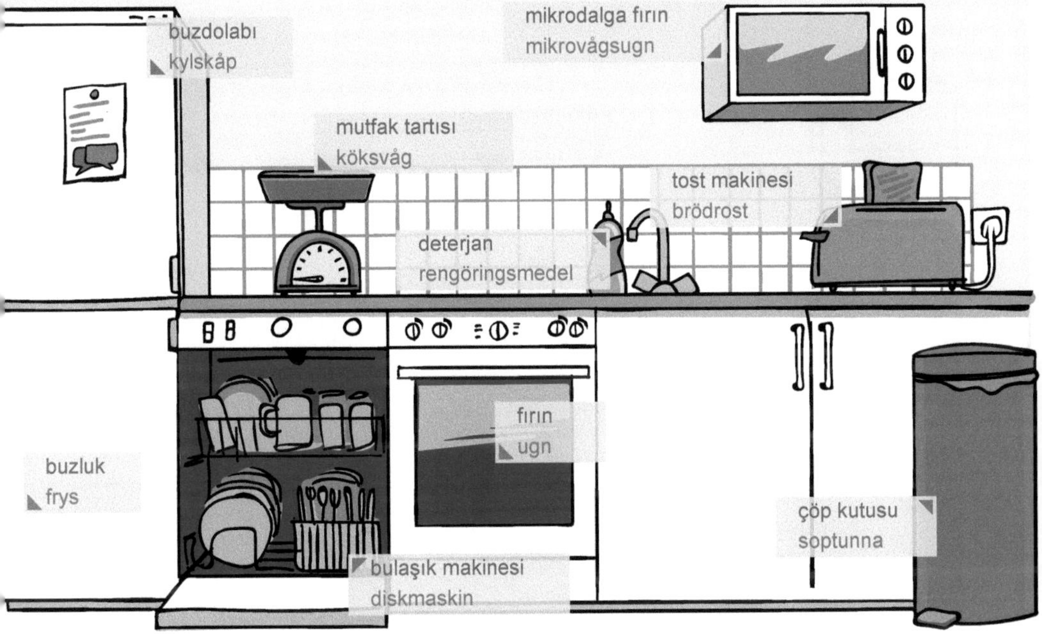

buzdolabı
kylskåp
mikrodalga fırın
mikrovågsugn
mutfak tartısı
köksvåg
tost makinesi
brödrost
deterjan
rengöringsmedel
fırın
ugn
buzluk
frys
çöp kutusu
soptunna
bulaşık makinesi
diskmaskin

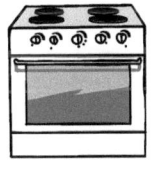

ocak

spis

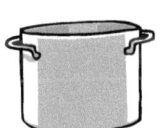

tencere

kastrull

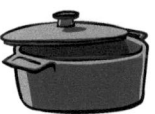

döküm tencere

järngryta

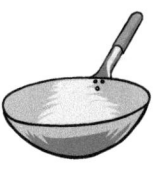

wok

wok / kadai

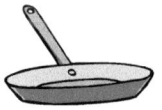

tava

stekpanna

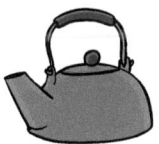

su ısıtıcı

vattenkokare

buharlı pişirici
àngkokare

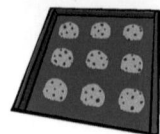

pişirme tepsisi
bakplåt

tabak takımı
porslin

kupa
mugg

kase
skål

çubuk (çin yemeği)
ätpinnar

kepçe
soppslev

spatula
stekspade

çırpma teli
visp

süzgeç
durkslag

elek
sil

rende
rivjärn

havan
mortel

barbekü
grill

açık ateş
brasa

kesme tahtası

skärbräda

merdane

kavel

tirbüşon

korkskruv

konserve kutusu

burk

konserve açacağı

burköppnare

fırın eldiveni

grytlapp

evye

vask

fırça

borste

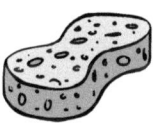

sünger

svamp

blender

mixer

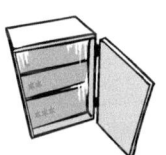

derin dondurucu

frys

biberon

nappflaska

musluk

kran

banyo
badrum

duş
dusch
ısıtma
värme
havlu
handduk
duş perdesi
duschdraperi
köpük banyosu
bubbelbad
küvet
badkar
bardak
glas
çamaşır makinesi
tvättmaskin
musluk
kran
fayans
kakel
lazımlık
potta
evye
vask

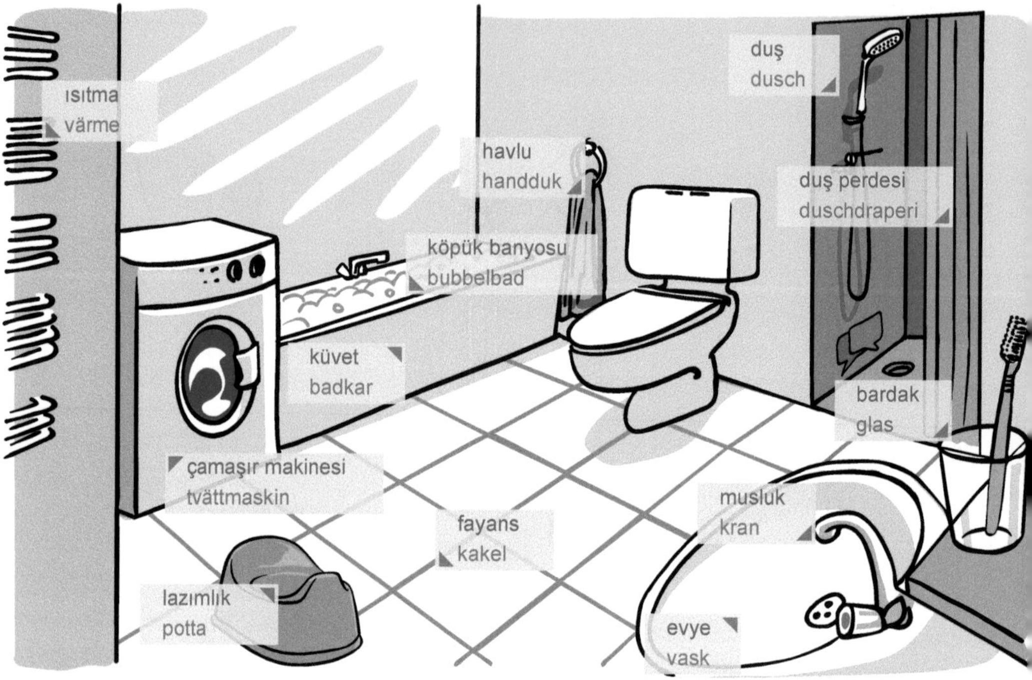

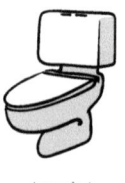

tuvalet

toalett

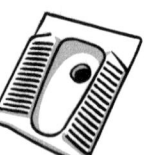

alaturka tuvalet

låg toalett

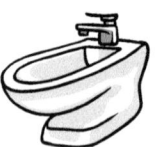

bide

bidet

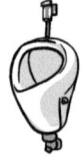

pisuvar

pissoar

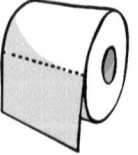

tuvalet kağıdı

toalettpapper

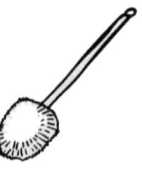

tuvalet fırçası

toalettborste

diş fırçası

tandborste

diş macunu

tandkräm

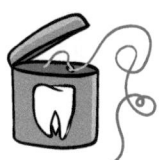

diş ipi

tandtråd

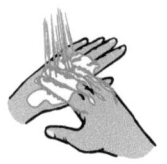

yıkamak

tvätta

duş başlığı

handdusch

duş başlığı şeklinde taharet musluğu

intimdusch

küvet

handfat

banyo fırçası

ryggborste

sabun

tvål

duş jeli

duschgel

şampuan

schampo

banyo lifi

trasa

gider

avlopp

krem

crème

deodorant

deodorant

ayna

spegel

el aynası

handspegel

jilet

rakhyvel

tıraş köpüğü

raklödder

tıraş losyonu

rakvatten

tarak

kam

fırça

borste

saç kurutma makinesi

hårtork

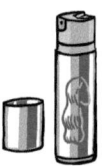

saç spreyi

hårspray

makyaj

smink

ruj

läppstift

tırnak cilası

nagellack

pamuk

bomullsvadd

tırnak makası

nagelsax

parfüm

parfym

makyaj çantası

necessär

tabure

pall

tartı

våg

bornoz

badrock

lastik eldiven

gummihandskar

tampon

tampong

kadın pedi

binda

kimyevi tuvalet

kemisk toalett

çocuk odası
barnrum

çalar saat
väckarklocka
peluş oyuncak
gosedjur
oyuncak araba
leksaksbil
çıngırak
skallra
bebek evi
dockhus
hediye
present

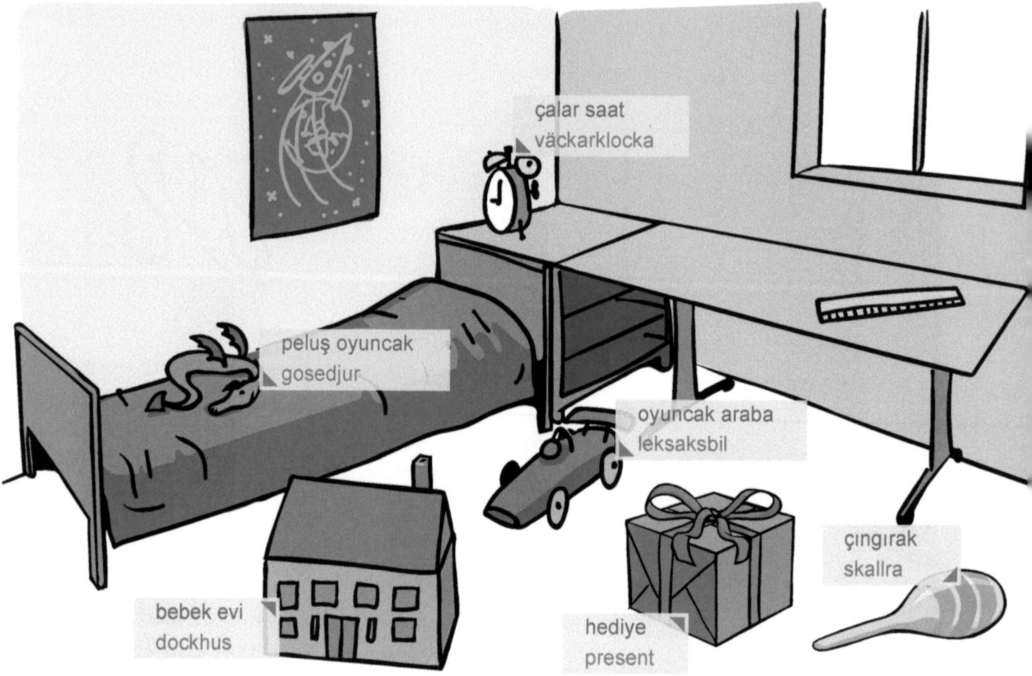

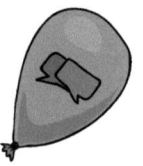

balon
ballong

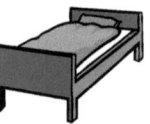

yatak
säng

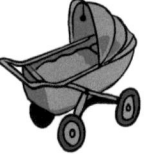

bebek arabası
barnvagn

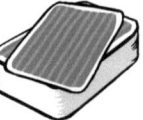

kart destesi
kortlek

yapboz
pussel

SUPER
MEGA

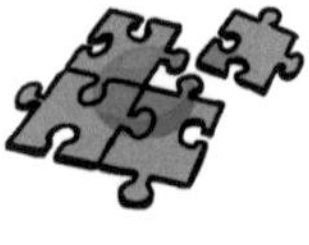

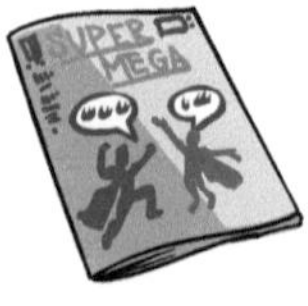

çizgi roman
serietidning

lego tuğlaları

legobitar

lego blokları

klossar

aksiyon figürü

actionfigur

zıbın

sparkdräkt

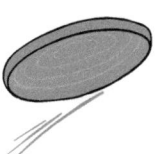

frizbi

frisbee

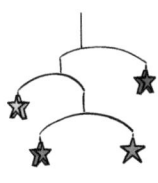

dönence

mobil

masa oyunu

brädspel

zar

tärning

model tren seti

modelljärnväg

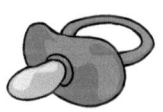

emzik

napp

parti

party

resimli kitap

bilderbok

top

boll

oyuncak bebek

docka

oynamak

spela

kum havuzu

sandláda

salıncak

gunga

oyuncaklar

leksaker

video oyun konsolu

spelkonsol

üç tekerlekli bisiklet

trehjuling

oyuncak ayı

nalle

gardırop

garderob

kıyafet
kläder

çorap

sockar

külotlu çorap

strumpor

tayt

tights

eşarp
halsduk

şemsiye
paraply

kemer
bälte

tişört
t-shirt

bot
stövlar

terlik
tofflor

spor ayakkabı
sneakers

sandalet
sandaler

ayakkabı
skor

lastik çizme
gummistövlar

külot
underbyxor

sütyen
BH

yelek
linne

kıyafet - kläder

dar bluz

body

pantolon

byxor

kot pantolon

jeans

etek

kjol

bluz

blus

gömlek

skjorta

kazak

pullover

süveter

sweater

blazer

blazer

ceket

jacka

mont

kappa

yağmurluk

regnjacka

kostüm

dräkt

elbise

klänning

gelinlik

bröllopsklänning

takım elbise

kostym

gecelik

nattlinne

pijama

pyjamas

sari

sari

baş örtüsü

slöja

türban

turban

burka

burka

kaftan

kaftan

çarşaf

abaya

mayo

baddräkt

erkek mayosu

badbyxor

şort

shorts

eşofman

träningsoverall

önlük

förkläde

eldiven

handskar

düğme

knapp

gözlük

glasögon

bilezik

armband

kolye

halsband

yüzük

ring

küpe

örhänge

kep

mössa

portmanto

galge

şapka

hatt

kravat

slips

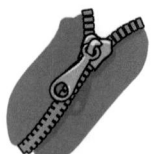

fermuar

dragkedja

kask

hjälm

pantolon askısı

hängslen

okul forması

skoluniform

üniforma

uniform

mama önlüğü

haklapp

emzik

napp

bebek bezi

blöja

ofis

kontor

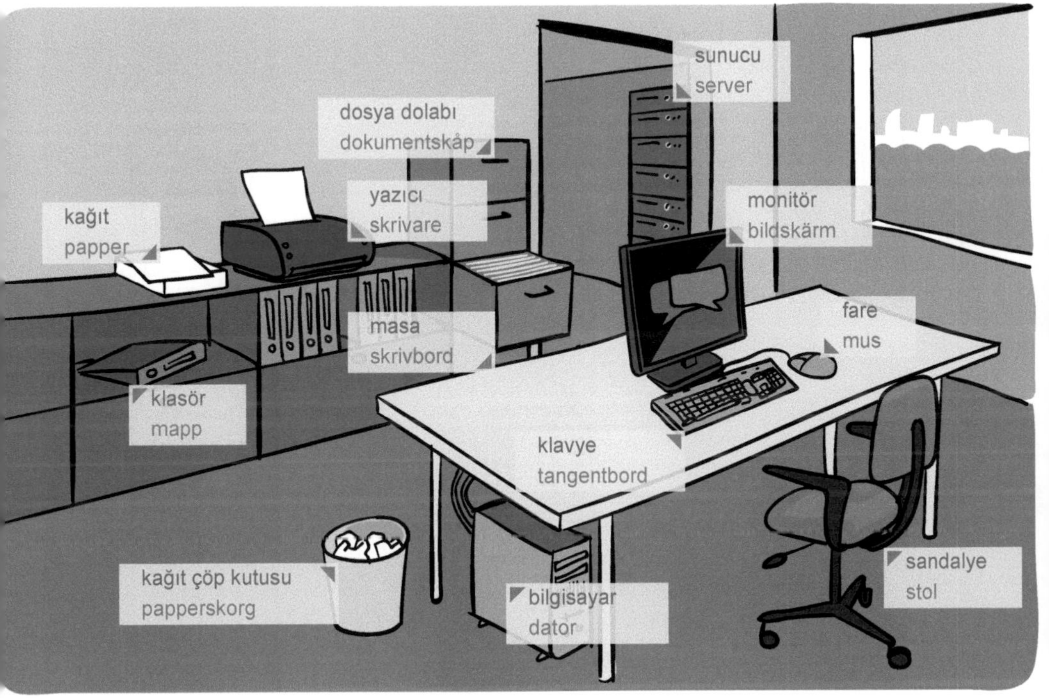

sunucu
server

dosya dolabı
dokumentskåp

yazıcı
skrivare

kağıt
papper

monitör
bildskärm

masa
skrivbord

fare
mus

klasör
mapp

klavye
tangentbord

kağıt çöp kutusu
papperskorg

sandalye
stol

bilgisayar
dator

kahve fincanı

kaffemugg

hesap makinesi

miniräknare

internet

internet

dizüstü

bärbar dator

mektup

brev

mesaj

meddelande

cep telefonu

mobiltelefon

ağ

nätverk

fotokopi makinesi

kopieringsapparat

yazılım

programvara

telefon

telefon

priz

vägguttag

faks makinesi

fax

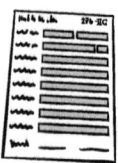

form

blankett

belge

dokument

satın almak
köpa

ödemek
betala

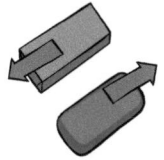

ticaret yapmak
handla

para
pengar

dolar
dollar

avro
euro

yen
yen

ruble
rubel

İsviçre frangı
schweizisk franc

Çin yuanı
renminbi yan

rupi
rupie

kasa
bankomat

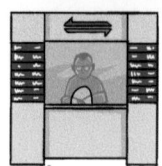

döviz bürosu

växelkontor

altın

guld

gümüş

silver

petrol

olja

enerji

energi

fiyat

pris

kontrat

kontrakt

vergi

skatt

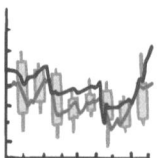

menkul değer

aktie

çalışmak

arbeta

işveren

anställd

işçi

arbetsgivare

fabrika

fabrik

mağaza

affär

meslekler
yrken

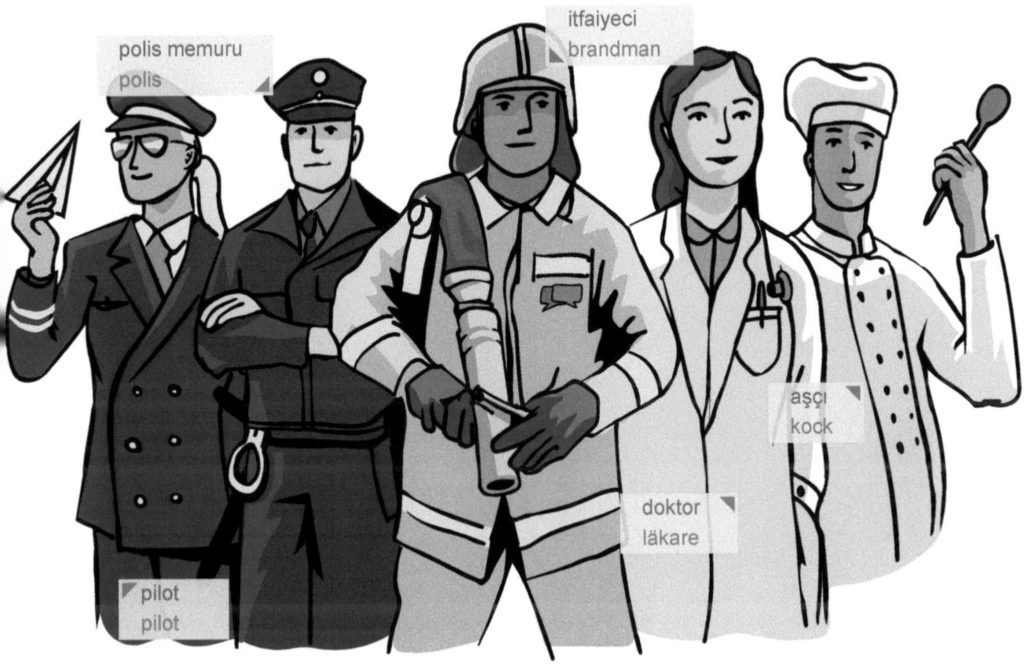

polis memuru
polis
itfaiyeci
brandman
aşçı
kock
doktor
läkare
pilot
pilot

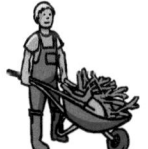

bahçıvan

trädgårdsmästare

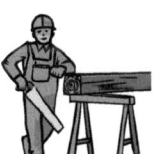

marangoz

snickare

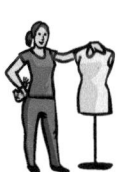

terzi

sömmerska

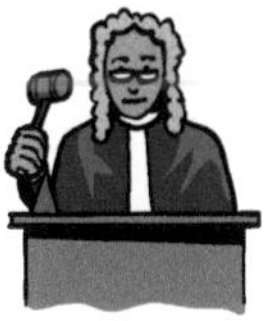

hakim

domare

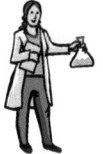

kimyager

kemist

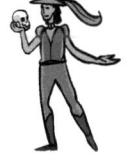

aktör

skådespelare

otobüs şoförü

busschaufför

taksi şoförü

taxichaufför

balıkçı

fiskare

temizlikçi

städerska

çatı ustası

takläggare

garson

servitör

avcı

jägare

boyacı

målare

fırıncı

bagare

elektrikçi

elektriker

inşaatçı

byggarbetare

mühendis

ingenjör

kasap

slaktare

muslukçu

rörmokare

postacı

brevbärare

asker

soldat

mimar

arkitekt

kasiyer

kassör

çiçekçi

florist

kuaför

frisör

kondüktör

konduktör

tamirci

mekaniker

kaptan

kapten

dişçi

tandläkare

bilim insanı

vetenskapsman

haham

rabbin

imam

imam

keşiş

munk

rahip

präst

aletler
verktyg

çekiç
hammare
penseler
tång
tornavida
skruvmejsel
İngiliz anahtarı
skiftnyckel
el feneri
ficklampa

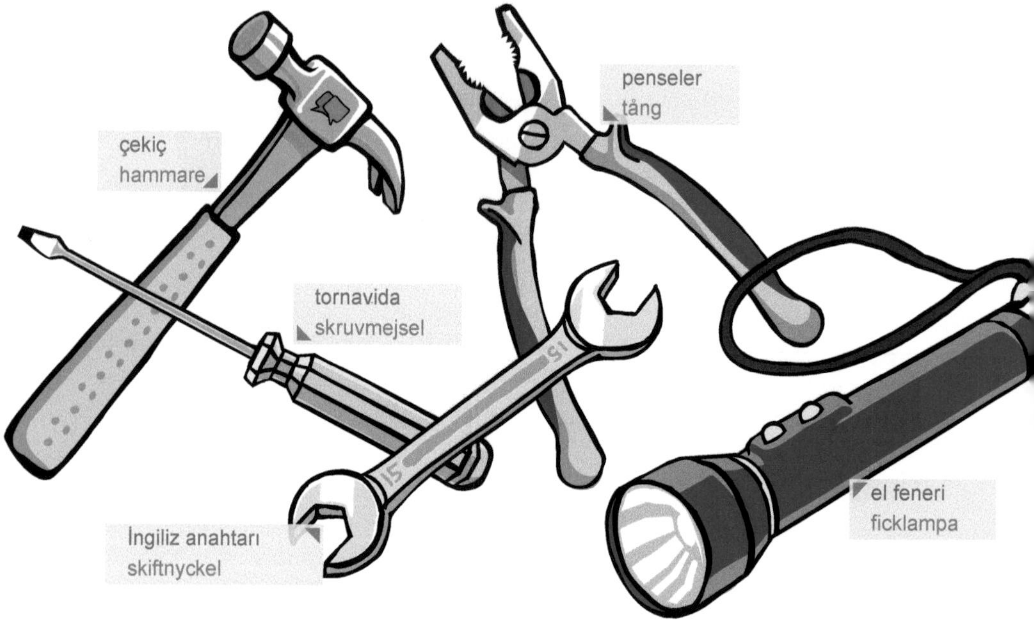

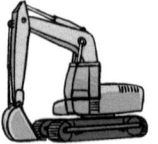

kazı makinesi
....
grävmaskin

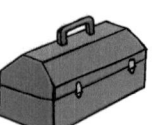

alet çantası
....
verktygslåda

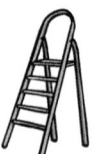

merdiven
....
stege

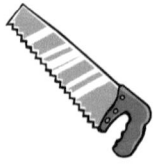

testere
....
såg

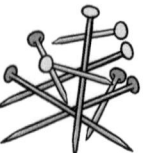

çiviler
....
spik

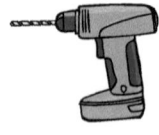

matkap
....
borr

tamir etmek
....
reparera

kürek
....
spade

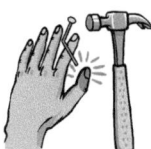

Kahretsin!
....
Helvete!

faraş
....
sopskyffel

boya tenekesi
....
färgburk

vidalar
....
skruvar

müzik enstrümanı
musikinstrument

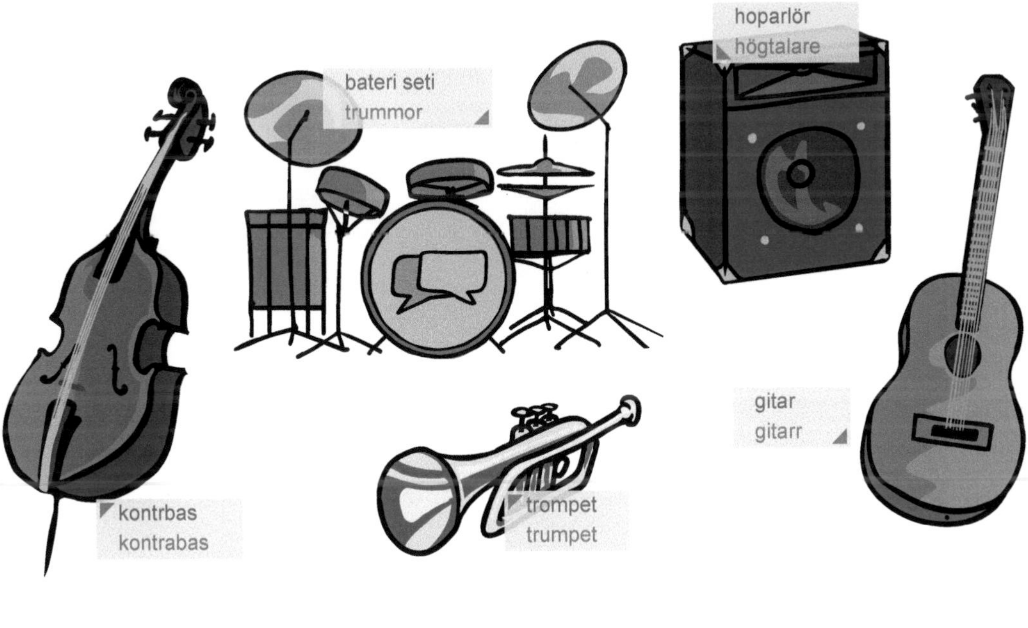

hoparlör
högtalare

bateri seti
trummor

gitar
gitarr

kontrbas
kontrabas

trompet
trumpet

piyano

piano

keman

violin

basgitar

bas

timpani

timpani

bateri

trumma

klavye

keyboard

saksafon

saxofon

flüt

flöjt

mikrofon

mikrofon

müzik enstrümanı - musikinstrument

giriş
ingång

kaplan
tiger

kafes
bur

zebra
zebra

hayvan yemi
djurfoder

panda
panda

hayvanlar
djur

fil
elefant

kanguru
känguru

gergedan
noshörning

goril
gorilla

ayı
björn

deve
kamel

deve kuşu
struts

aslan
lejon

maymun
apa

flamingo
flamingo

papağan
papegoja

kutup ayısı
isbjörn

penguen
pingvin

köpek balığı
haj

tavus kuşu
påfågel

yılan
orm

timsah
krokodil

hayvanat bahçesi görevlisi
djurskötare

fok
säl

jaguar
jaguar

hayvanat bahçesi - zoo

midilli atı
ponny

leopar
leopard

su aygırı
flodhäst

zürafa
giraff

kartal
örn

yaban domuzu
vildsvin

balık
fisk

kaplumbağa
sköldpadda

mors
valross

tilki
räv

ceylan
gazell

amerikan futbolu
amerikansk fotboll

bisiklete binme
cykling

tenis
tennis

basketbol
basket

yüzme
simning

boks
boxning

buz hokeyi
ishockey

futbol
fotboll

badminton
badminton

atletizm
friidrott

hentbol
handboll

kayak
skidåkning

polo
polo

gülmek
skratta

atlamak
hoppa

sarılmak
krama

yürümek
gå

söylemek
sjunga

hayal etmek
drömma

dua etmek
be

öpmek
kyssa

yazmak
skriva

çizmek
rita

göstermek
visa

itmek
skjuta

vermek
ge

almak
ta

sahip olmak
hagel

yapmak
göra

olmak
vara

ayakta durmak
stå

koşmak
springa

çekmek
dra

atmak
kasta

düşmek
falla

yalan söylemek
ligga

beklemek
vänta

taşımak
bära

oturmak
sitta

giyinmek
klä på

uyumak
sova

uyanmak
vakna

bakmak
se på

ağlamak
gråta

vurmak
smeka

taramak
kamma

konuşmak
prata

anlamak
förstå

sormak
fråga

dinlemek
höra

içmek
dricka

yemek
äta

düzenlemek
städa

sevmek
älska

pişirmek
laga mat

sürmek
köra

uçmak
flyga

denize açılmak
segla

hesapla
räkna

okumak
läsa

öğrenmek
lära sig

çalışmak
arbeta

evlenmek
gifta sig

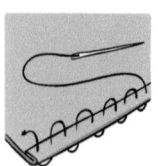

dikmek
sy

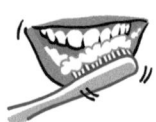

diş fırçalamak
borsta tänderna

öldürmek
döda

sigara içmek
röka

yollamak
skicka

aile
familj

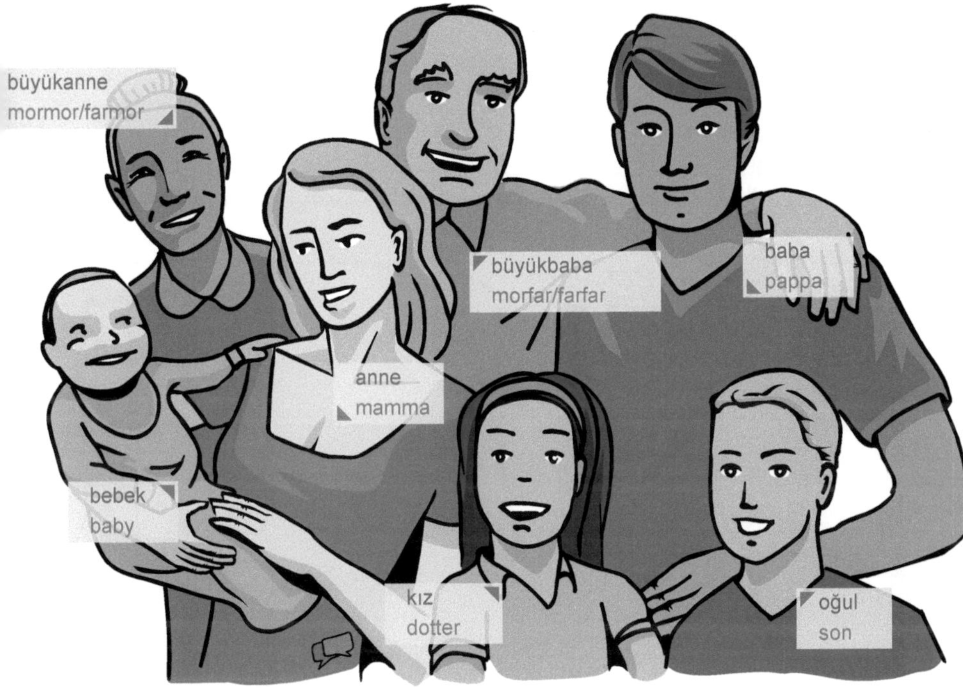
büyükanne
mormor/farmor
büyükbaba
morfar/farfar
baba
pappa
anne
mamma
bebek
baby
kız
dotter
oğul
son

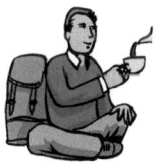

misafir

gäst

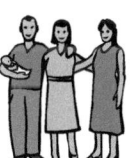

teyze

moster/faster

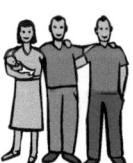

amca

farbror/morbror

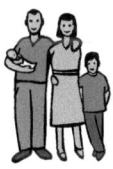

erkek kardeş

bror

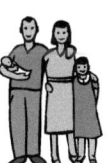

kız kardeş

syster

vücut
kropp

alın
panna
göz
öga
omuz
skuldra
parmak
finger
yüz
ansikte
çene
haka
el
hand
göğüs
bröst
bacak
ben
kol
arm

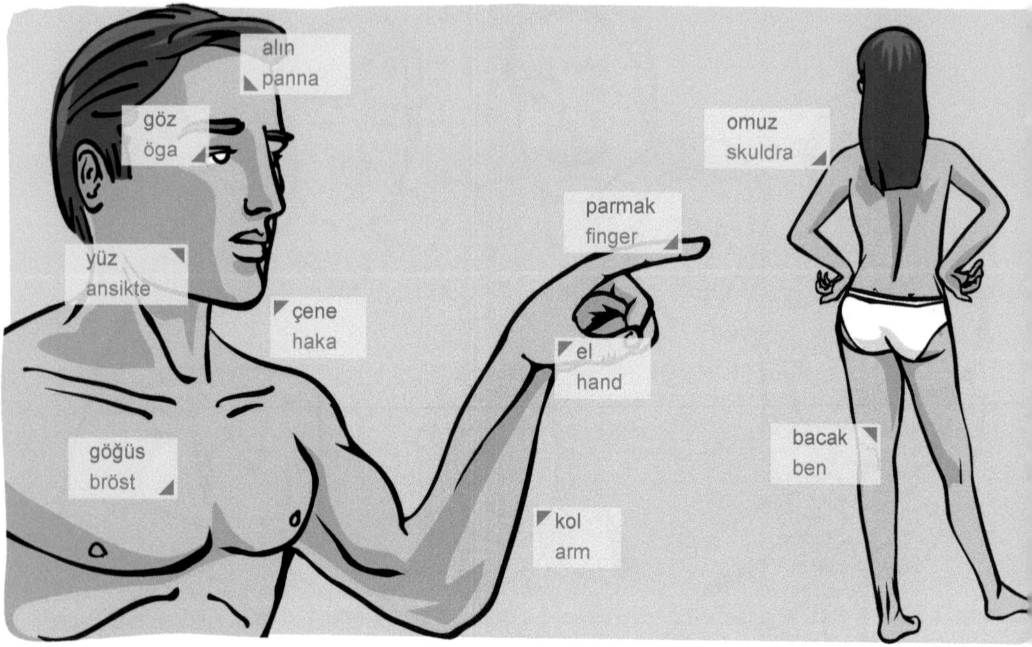

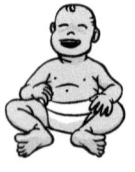

bebek

baby

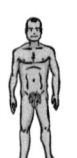

adam

man

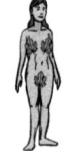

kadın

kvinna

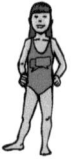

kız

flicka

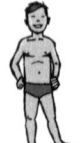

erkek çocuk

pojke

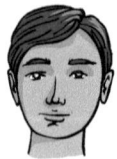

baş

huvud

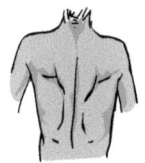

sırt
rygg

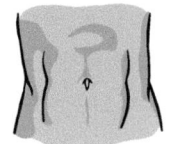

karın
mage

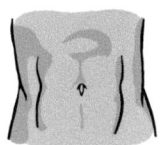

göbek
navel

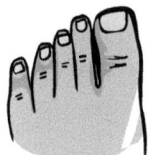

ayak parmağı
tå

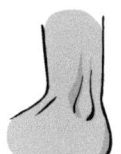

topuk
häl

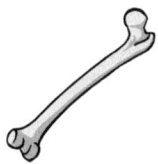

kemik
ben

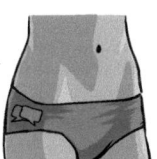

kalça
höft

diz
knä

dirsek
armbåge

burun
näsa

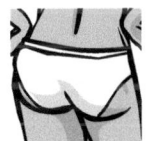

kalça
stjärt

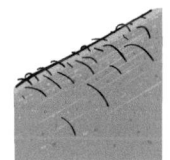

deri
hud

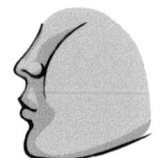

yanak
kind

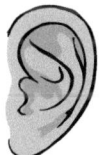

kulak
öra

dudak
läpp

ağız

mun

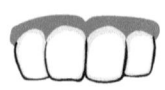

diş

tand

dil

tunga

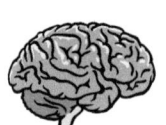

beyin

hjärna

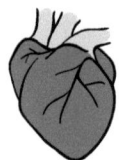

kalp

hjärta

kas

muskel

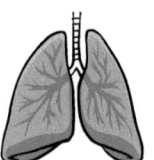

akciğer

lunga

karaciğer

lever

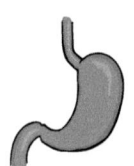

mide

magsäck

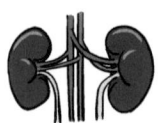

böbrekler

njurar

seks

sex

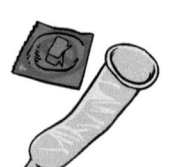

prezervatif

kondom

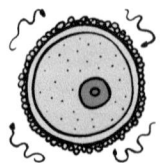

yumurtalık

äggcell

sperm

sperma

hamilelik

graviditet

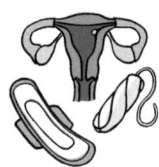

regl

menstruation

vajina

vagina

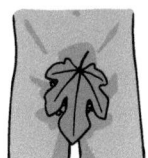

penis

penis

kaş

ögonbryn

saç

hår

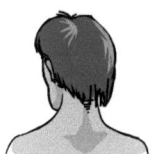

boyun

nacke

hastane
sjukhus

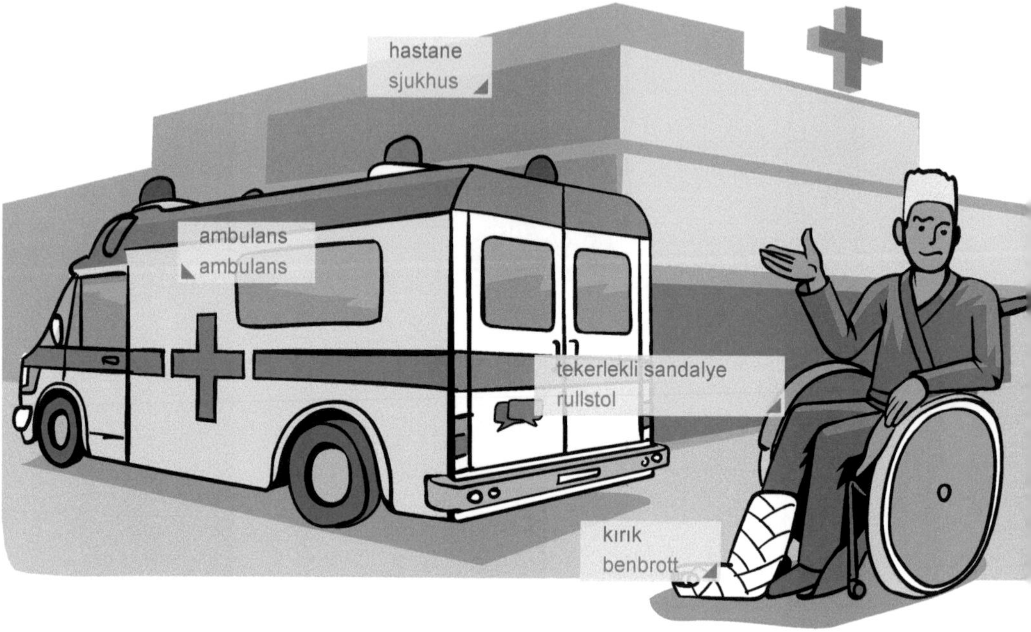

hastane
sjukhus
ambulans
ambulans
tekerlekli sandalye
rullstol
kırık
benbrott

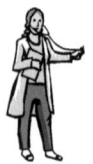

doktor

läkare

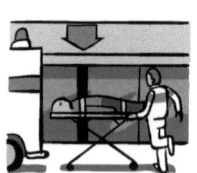

acil servis

akutmottagning

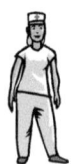

hemşire

sjuksköterska

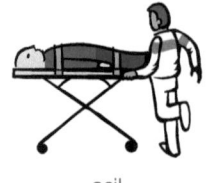

acil

nödsituation

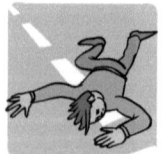

baygın

medvetslös

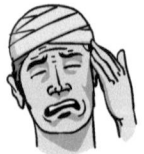

acı

smärta

yaralanma

skada

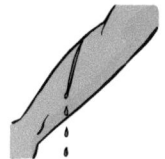

kanama

blödning

kalp krizi

hjärtattack

felç

slaganfall

alerji

allergi

öksürük

hosta

ateş

feber

grip

influensa

ishal

diarré

baş ağrısı

huvudvärk

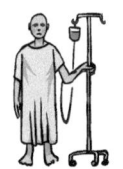

kanser

cancer

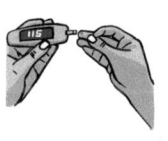

şeker hastalığı

diabetes

cerrah

kirurg

neşter

skalpell

operasyon

operation

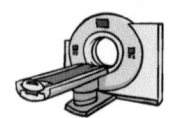

bilgisayarlı tomografi
CT

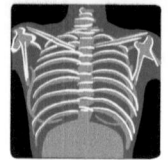

röntgen
röntgen

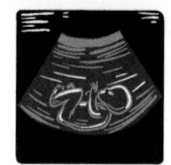

ultrason
ultraljud

yüz maskesi
ansiktsmask

hastalık
sjukdom

bekleme odası
väntsal

koltuk değneği
krycka

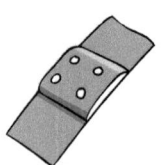

yara bandı
plåster

bandaj
bandage

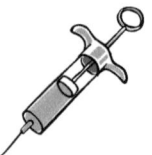

enjeksiyon
injektion

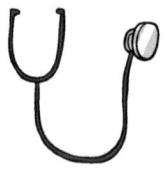

steteskop
stetoskop

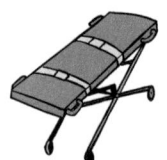

sedye
bår

tıbbi termometre
termometer

doğum
födsel

fazla kilo
övervikt

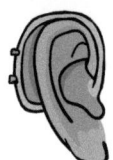

işitme cihazı

hörapparat

dezenfektan

desinfektionsmedel

enfeksiyon

infektion

virüs

virus

HIV / AIDS

HIV / AIDS

ilaç

medicin

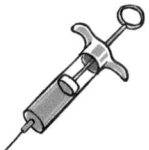

aşı

vaccination

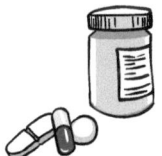

tablet

tabletter

hap

p-piller

acil çağrı

nödsamtal

tansiyon aleti

blodtrycksmätare

hasta / sağlıklı

sjuk / frisk

İmdat!

Hjälp!

alarm

alarm

darp

överfall

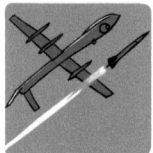

saldırı

misshandel

tehlike

fara

acil çıkış

nödutgång

Yangın!

Det brinner!

yangın tüpü

brandsläckare

kaza

olycka

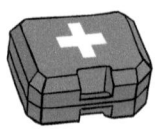

ilk yardım çantası

förbandslåda

imdat

SOS

polis

polis

Avrupa

Europa

Kuzey Amerika

Nordamerika

Güney amerika

Sydamerika

Afrika

Afrika

Asya

Asien

Avustralya

Australien

Atlantik

Atlanten

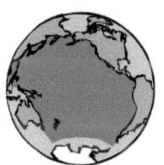

Pasifik

Stilla Havet

Hint Okyanusu

Indiska Oceanen

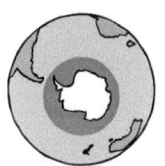

Antarktika Okyanusu

Antarktiska Oceanen

Arktik Okyanusu

Arktiska Oceanen

Kuzey Kutbu

Nordpol

Güney Kutbu

Sydpol

Antarktika

Antarktis

dünya

Jorden

kara

land

deniz

hav

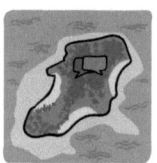

ada

ö

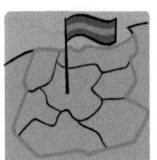

ulus

nation

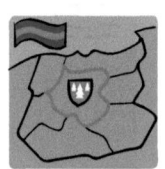

ülke

stat

kadran

urtavla

akrep

timvisare

yelkovan

minutvisare

saniye ibresi

sekundvisare

Saat kaç?

Vad är klockan?

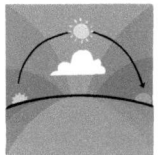

gün

dag

zaman

tid

şimdi

nu

dijital saat

digital klocka

dakika

minut

saat

timme

hafta
vecka

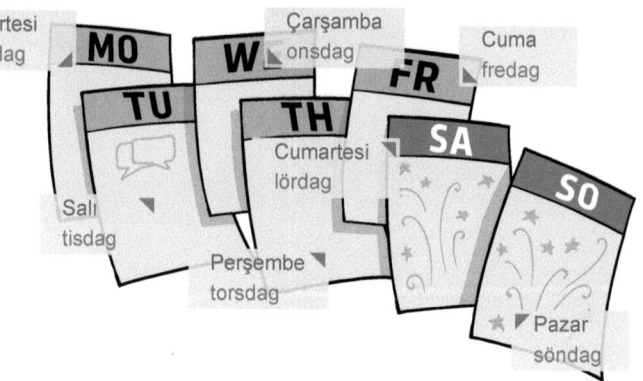

Pazartesi / måndag — MO
Salı / tisdag — TU
Çarşamba / onsdag — W
Perşembe / torsdag — TH
Cuma / fredag — FR
Cumartesi / lördag — SA
Pazar / söndag — SO

dün
....
igår

bugün
....
idag

yarın
....
imorgon

sabah
....
morgon

öğle
....
middag

akşam
....
kväll

iş günleri
....
vardagar

hafta sonu
....
helg

yıl
år

gökkuşağı
regnbåge
yağmur
regn
rüzgar
vind
kara
snö
bahar
vår
sonbahar
höst
yaz
sommar
kış
vinter

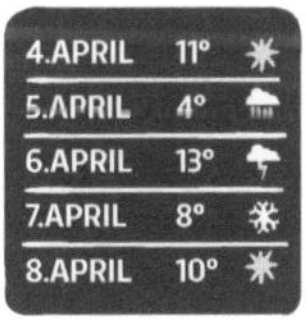

4.APRIL 11°
5.APRIL 4°
6.APRIL 13°
7.APRIL 8°
8.APRIL 10°

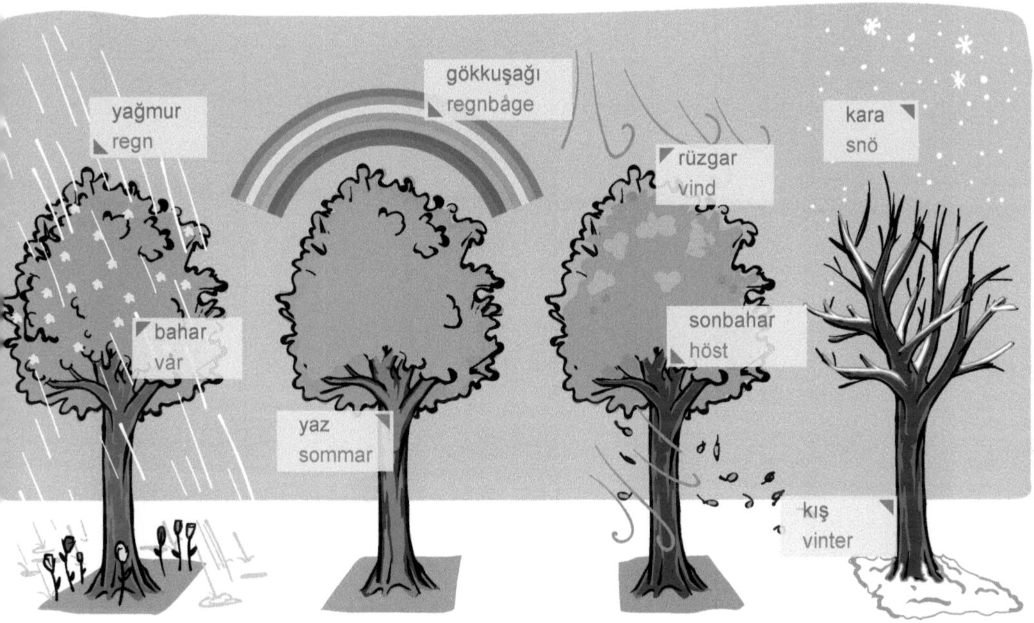

hava durumu tahmini
väderprognos

F C
120 40
90 30
60 20
30 10
0 0
-30 -10
-20

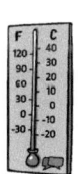

termometre
termometer

güneş ışığı
solsken

bulut
moln

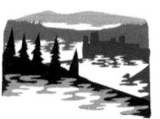

sis
dimma

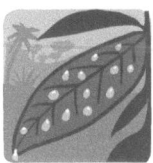

nem
luftfuktighet

şimşek
blixt

gök gürültüsü
åska

fırtına
storm

dolu
hagel

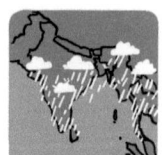

muson
monsun

sel
översvämning

buz
is

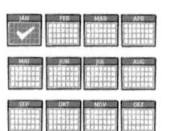

Ocak
januari

Şubat
februari

Mart
mars

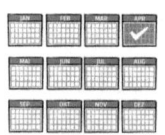

Nisan
april

Mayıs
maj

Haziran
juni

Temmuz
juli

Ağustos
augusti

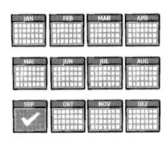

Eylül
....
september

Ekim
....
oktober

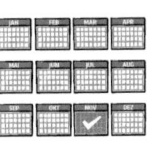

Kasım
....
november

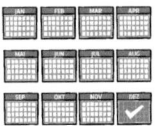

Aralık
....
december

daire
....
cirkel

kare
....
kvadrat

dikdörtgen
....
rektangel

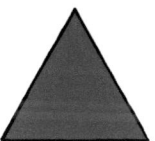

üçgen
....
triangel

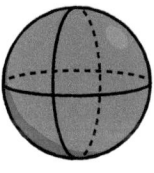

küre
....
sfär

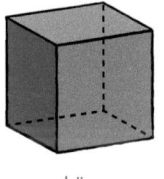

küp
....
kub

beyaz

vit

sarı

gul

turuncu

orange

pembe

rosa

kırmızı

röd

mor

lila

mavi

blå

yeşil

grön

kahverengi

brun

gri

grå

siyah

svart

çok / az
·················
mycket / lite

kızgın / sakin
·················
arg / lugn

güzel / çirkin
·················
vacker / ful

başlangıç / son
·················
början / slut

büyük / küçük
·················
stor / liten

parlak / karanlık
·················
ljus / mörk

erkek kardeş / kız kardeş
·················
bror / syster

temiz / kirli
·················
ren / smutsig

tamam / eksik
·················
komplett / ofullständig

gün / gece
·················
dag / natt

ölü / canlı
·················
död / levande

geniş / dar
·················
bred / smal

yenilebilir / yenilemez

ätlig / oätlig

kötü / iyi

ond / god

heyecanlı / sıkılmış

upphetsad / uttråkad

şişman / zayıf

tjock / smal

ilk / son

först / sist

dost / düşman

vän / fiende

dolu / boş

full / tom

sert / yumuşak

hård / mjuk

ağır / hafif

tung / lätt

açlık / susuzluk

hunger / törst

hasta / sağlıklı

sjuk / frisk

yasa dışı / yasal

olaglig / laglig

zeki / aptal

intelligent / dum

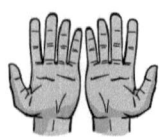

sol / sağ

vänster / höger

yakın / uzak

nära / långt bort

yeni / kullanılmış

ny / begagnad

hiçbir şey / bir şey

inget / något

yaşlı / genç

gammal / ung

açma / kapama

på / av

açık / kapalı

öppen / stängd

sessiz / gürültülü

tyst / högljudd

zengin / fakir

rik / fattig

doğru / yanlış

rätt / fel

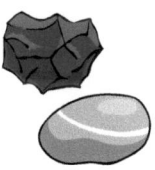

pürüzlü / düz

grov / slät

üzgün / mutlu

ledsen / glad

kısa / uzun

kort / lång

yavaş / hızlı

långsam / snabb

ıslak / kuru

våt / torr

sıcak / serin

varm / sval

savaş / barış

krig / fred

zıt anlamlılar - motsatser

0	**1**	**2**
sıfır	bir	iki
noll	ett	två

3	**4**	**5**
üç	dört	beş
tre	fyra	fem

6	**7**	**8**
altı	yedi	sekiz
sex	sju	åtta

9	**10**	**11**
dokuz	on	on bir
nio	tio	elva

12

on iki

tolv

13

on üç

tretton

14

on dört

fjorton

15

on beş

femton

16

on altı

sexton

17

on yedi

sjutton

18

on sekiz

arton

19

on dokuz

nitton

20

yirmi

tjugo

100

yüz

hundra

1.000

bin

tusen

1.000.000

milyon

miljon

sayılar - siffror

İngilizce

engelska

Amerikan İngilizcesi

amerikansk engelska

Çince (Mandarin)

kinesisk mandarin

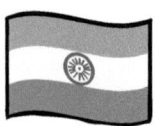

Hintçe

hindi

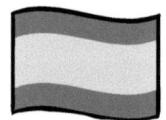

İspanyolca

spanska

Fransızca

franska

Arapça

arabiska

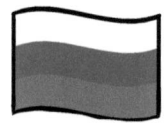

Rusça

ryska

Portekizce

portugisiska

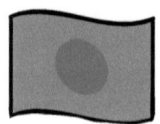

Bengalce

bengali

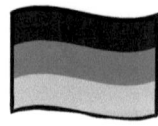

Almanca

tyska

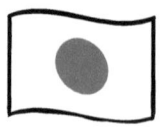

Japonca

japanska

ben
jag

sen
du

o
han / hon / den (det)

biz
vi

siz
ni

onlar
de

kim?
vem?

ne?
vad?

nasıl?
hur?

nerede?
var?

ne zaman?
när?

isim
namn

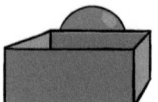

arkasında

bakom

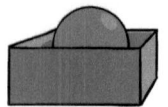

içinde

i

önünde

framför

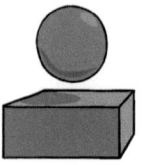

üzerinde

över

üstünde

på

altında

under

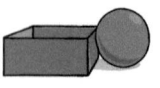

yanında

bredvid

arasında

mellan

yer

plats